慧乔的时间

It's Time For Hyekyo

(韩) 宋慧乔 著　赵可可 译

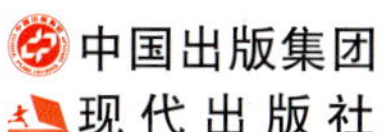
中国出版集团
现代出版社

开场白

有一句我非常喜欢的对白。

拜我那不够顽强的记忆力所赐，我已记不清这句台词出自哪部电影，更不用记得自哪个人物。

但是，我却清晰地记得这句对白的每一个字。

“我最讨厌别人说他了解我。所以请你千万不要轻易地说了解我。”

回首往事，想起那些以“缘分尽了”为由离开我的人们，
我最讨厌的也是他们所谓的“了解”我。

“我太了解你了。薄情又自私，虽然偶尔也会有善良的时候，但也只是极其偶尔！”

听到这些，我总是受伤的。小的时候，我气他们忽视了我无限的可能性；年纪大了，我讨厌他们太过轻描淡写，想要不咸不淡地用一两句话概括我所有的人生。不论那一两句评价是好是坏，我都觉得太过轻浮。直到有一天我意识到，如此这般的我，居然也会有这个“杀人于无形”（？）的坏习惯，不咸不淡地评价着别人。借口总是一个——那个人我再熟悉不过。

第一次见到宋慧乔，我也犯了同样的错误。虽然不露声色，但心里早已默默地开始品评："漂亮，活泼，真是，都这个年纪了，居然还能这么清纯，一副不食人间烟火的样子，真不容易。不过，也就这样了吧？"，结果是当头一棒，颠覆了我所有的偏见。

对现在的我来说，她还是一样的漂亮，只是这份漂亮当中也夹杂着一份忧郁，活泼中多了一份孤单，纯粹，又认真，纤纤弱质却多了一份英气，热烈奔放中更平添了一份冷静，果决和理智交织在一起，不由让人心潮澎湃，小鹿乱撞。还有那双眼睛，仿佛无所不知，能看穿很多我猜不透的秘密……

她成为了一个让人捉摸不透的"演员""女人""人"，无法轻易地用语言定义，却因此而更让人着迷。

还有一点非常明了，就是——直到现在这一刻，这个女人也在向世人展示着自己无穷的可能性，颠覆着所有对她的断言。

——卢熙京
（韩国作家）

contents

pm 05:00
early evening

am 12:00
midnight

am 07:00

morning

饱饱地　睡一觉
好好地　休息
饱饱地　吃饭
多　笑一笑

爱睡觉的女生

我原本是个爱睡觉的女生。喜欢饱饱地睡上一觉。

不过，现实往往事与愿违。

更多时候，自然入睡是一件非常困难的事情。

身体早已疲惫不堪，精神却极度亢奋，眼睛一直眨呀眨，眨个不停……

就像小时候贪玩，每当妈妈说“该上床睡觉了哟”，我就会爬到床上，假装睡觉，

现在，我也常常这样入睡。偶尔，也会开着电视睡觉。

趁着入睡前看看深夜剧场，看看在我忙着拍戏的时间里，都有哪些演员和作品受到观众喜爱。

演得真好呢，怪不得这么有人气，如果我来演会是什么样子呢？嗯，那位导演的拍摄手法果然很老练……

想着想着，也就会入睡。

想着，
明天
一定要睡个懒觉啊。

没有梦想的孩子

一直没有经历青春期的我，
小时候也没有什么梦想。
这样说来，
我还真是个无趣的小孩呢。
但，确实如此。
上小学的时候，
每当老师问起梦想是什么，
我就会一直犹豫，不能立刻回答。
后来，看到周边的朋友们，
男孩子多半会说想当个科学家，
而大多数女孩子都会说想当个设计师，
所以，有一次，我也回答说“梦想是当设计师”。
从来没有想过要变成很有名的人，
也没想过要变成电视里的明星。
只是偶然地从某一天起，
开始演戏了而已。
所以，我也没有特意去想过演戏这件事。

一直以来都没有梦想，
所以，现在做的事情
就变成了我唯一的梦想。

青春期

说起来很神奇，
我从来没有经历青春期。

难道是因为朋友们都开始进入青春期的时候，
我却已经开始工作了的原因？

据说，有些人的青春期会推迟到20多岁才来，
但是，我好像是个例外。

就像我跳过了青春期的彷徨
直接飞到了现在的感觉。

一点都不可爱

因为我的身材娇小，

加上出道作品又是一个小妹妹的角色，

所以很多人会猜想

慧乔应该很爱撒娇吧？

但是，我真的不是一个可爱的人　吼吼

那些会令人起鸡皮疙瘩的话，绝对绝对不会说。

最尴尬的时候应该是拍片时，

被要求做一些可爱的动作和表情。

我的性格有些木讷，说话也很直，

爱憎分明，藏不住秘密。

我真的

一点都不可爱。

MOET

快乐的饭桌

小的时候，

喜欢在一旁看妈妈做饭的样子。

日子久了，妈妈也会教我做一些。

不知从哪天开始，我也变得很会做料理了。

一般的韩餐，已经都会做。朋友们特别爱吃我做的蒸排骨、炒鸡块汤、辣牛肉汤。
尽管，现在变得越来越懒，给朋友做饭的次数也少了起来……

我的“本土”口味

我之所以会亲自下厨，其中一个理由就是我的口味。

喜欢熟透了的辣白菜，热热的酱汤……我的口味还真是“土”呢。

有一次在海外拍戏，我拿了一罐特别特别好吃的鱼子酱，放在行李箱的一侧。

那个时候，正是沉迷于明太鱼子酱的时期。

拍完戏之后，我和所有工作人员在一个非常奢华的游泳池边休息。

那是一个高级会所的游泳池，我们在那里开了一场杀青派对庆祝。

人群中突然有人大喊：“明太鱼子酱！”

拍戏期间，都没能好好吃饭的我们，被这一句话勾起了消失已久的食欲。

一名工作人员勇！敢！地！从房间里拿出了鱼子酱，

为了不惊动会所的服务人员，

我们盖好盖子，一点儿一点儿地取出，共同回味了一下“故乡的味道”。

但问题还是出现了。

当时所有人都过于疲惫，几杯鸡尾酒，就已经让我们醉不成形，

导致吃完鱼子酱后，大家纷纷散回房间，根本没有人理会吃剩的那罐鱼子酱。

现在想想，面对这样一个散发着味道的鱼子酱罐子，那些白人服务员当时肯定很头疼吧。

虽然那天我们吃得很开心，但在某种程度上也给其他人带来

了很多麻烦。一想到这些，我到现在还很内疚。

直到现在，每次长时间出国拍戏，我都会带上韩国的小菜。

鱼子酱和紫菜……总是很好吃。

美食和瘦身

饭总是吃得很香。

虽然是“女演员”，但我总是吃得很饱。我是一个很喜欢吃的人。

和很 nice 的人一起吃很 nice 的食物，是一件幸福的事情。

有时候甚至觉得，每天那么拼命地工作都是为了这一瞬间。

所以，不能不更加注意自己的身材。就算不是演员，我也是一个女人。

而且，我现在的职业，要时刻暴露在公众的视野里，

加上个头也不高，所以稍不留心，就会显胖。

不好看的样子，如果被相机抓到，就会成为八卦话题，

有时候更会被夸张成胖了很多很多。

其实，我不是那种忽胖忽瘦的体质，

所以在我看来，我的体形一直是比较稳定的，

但是偶尔也会根据其他人的评价，

重新审视自己。

MOËT

不怎么化妆

护肤嘛，基本每天会敷上一张面膜。

也算是我每天必做的、唯一的护肤习惯了。

每天尽量做到多喝水。

日常饮食方面，经常会把早餐、午餐放在一起，吃早午餐。

都说吃好早餐，皮肤才能漂亮，

但是已经养成的习惯真是不好改呢。

偶尔也会去皮肤科咨询。

不拍戏的时候，几乎不化妆。

因为平时外出不怎么化妆，

所以偶尔稍微化一化，朋友们反会觉得有些陌生、不习惯。

其实，偶尔，我自己也会不习惯。

最喜欢的事情
拍完戏之后洗完脸的清爽感
——比什么都好。

真的非常喜欢那个瞬间。

周末 自己玩儿

虽然我的职业没有朝九晚五，
但还是很喜欢能够休息的周末。
周末，几乎都是独享属于自己的私人时间。
在家做东西给自己吃，休息……
一直很想把喜欢的歌烧到 CD 里，
但是因为对电脑一窍不通，
下载音乐什么的，
对我来说还是很难。
我的周末，很少会特别热闹。
因为除了几位特别亲近的工作人员，
几乎没有人会来我家。

旅行时候的周末，
总会一个人跑去散步。
很喜欢散步。
就一直走着，也不会累，很享受。

如果到了一个快节奏的城市，比如纽约，

几乎一整天都会在走路的状态。

一边走路一边观察

纽约客们的周末，

走过跳蚤市场到公园，再走过公园到美术馆，精神十足地走着！

在家的周末，和自己玩儿，精神十足地玩儿着！

BUENOS AIRES

PHOTOGRAPHED BY JI HYUK PARK

SAMSUNG

5 DE

pm 12:00

noon

工作狂

虽然不是每天工作，但是一旦开始投入到新的作品，
几乎就没有了休息时间。
所以，在新旧工作的间隙，就会变得无比懒散。
为了控制自己的惰性，偶尔也会翻看剧本或台词。
演戏、休息、读剧本，这些都是我的工作。
加上采访，再加上为了拍戏坐飞机的时间，
所有的事情加起来，真是要花上很长的时间呢。
我的 20 岁就是这样度过的，而我的 30 岁，也同样是这样流逝着。
作为一个年轻女生，想学的、想看的自然会很多，
但即使如此，我也抛开了一切投入到工作中，
这样的我，在别人看来是什么样子的呢？
周围也有人劝我，要多一些兴趣和爱好，
要多一些闲暇和悠闲。
但是，我还是喜欢工作时的自己。

工作的每个瞬间，都能让我体会到人生是多么充实。
而这样的心情，会让我努力地工作。

其实，我也想像其他二三十岁的姑娘们一样，
培养一些兴趣、爱好，但是最后没能做到，
让我觉得有些遗憾（比如，学一学我喜欢的美术……）。
如果没有成为一名演员，也许我会过着不一样的生活，
但我现在很满足。
正在做的事，我唯一会做的事，想要做得更好的事——
我很庆幸，这些事都是演戏。

不能同时做两件以上的事情，其实这也很像我的风格。
还真是一个单纯的女人。

精明 VS 努力

天生不精明。

没有狐狸般的敏捷和八面玲珑的心机，

所以必须不停地努力。

我自信，是非常努力的类型。

性格有些耿直。

有一些大家庭里的长子范儿？

虽然是女生，但是性格特别直，更像是个男孩子。

做事方式也是一样直！不懂得曲折迂回。

说话更是，直来直去。

拍戏的时候也是，一直排练到最好……

我相信只要努力，就可以无往不胜。

但是也相信，努力工作不如享受工作。

所以，我努力工作，也享受工作。

只是，有时候也会想，如果再精明一些就好了。

如果能找到潜藏在我内心深处的心机，

或者揪出来一点点骄矜，偶尔撒一撒娇，

我想，生活应该会更顺利一些。

呼，老实说，有时候我这直来直去的性格，还真是让我纠结。

吸收感情的天赋

我并不是天才演员。

而且，我一直认为，女演员的事业是有局限性的。

一直倾向于选择感情丰富的角色。

虽然不是表演天才，

但随着时间流逝，

一年又一年，

认识了更多的人，

也经历了爱情，

这些经验

都让我的演技进步飞快。

仔细想一想，我特别会吸收感情。

某个情景里的某种体会，

会被我收在心底，

然后在演戏的过程中释放出来。

经历某件事情时

我的感性

并不止于开心或是伤心，

更倾向于记住当下的体会，

紧紧地抓住当下的感觉，

好让这些体会和感觉在日后的演技中

自然地散发出来。

对演技的“贪念”

虽说一直在演戏，

但因为出道作品是情景喜剧，

所以后来转演正剧的时候，

确实觉得有点困难。

没有自信，加上虽然很努力但一直不见提高，

那段时期一直闷闷不乐。

就这样，过去了 10 年，

直到遇见《他们生活的世界》这部电视剧。

到现在还有很多观众记得《他们生活的世界》里的朱俊英。

对我来说，它也是一个特别的作品。

因为，这部电视剧让更多的人认可了我的演技，

开始把我看做是一名“演员”。

之后的新电影《今天》，

是我另一个幸运作品，从此，我的名字正式进入了电影圈，

获过奖，也得到了小小的认可，

虽然这部电影没有大红大紫，

但是对我来说，它是“十五年来的第一个赞美”。

对于赞美，虽然一直努力让自己
不动声色，但毕竟我也是一个人，
也会忍不住偷偷地期待着。
其实，真的很想听到有人夸我一句
“演得真好”。
因为努力过，因为付出过。

什么样的演员，什么样的粉丝

其实更多时候，赞美像是一种奢望，遥不可及，不敢奢求。

如果网上有人给我写了不好的评论，我就会想，

不奢求赞美，只要没有误会就已经很好了。

其实作为演员，不可避免地要集三千关注于一身，

也肯定会受到各方面的品评。

但是每当这个时候，我最想得到的总是理解。

我的粉丝，几乎都是从我出道开始就

陪伴我，一路走到现在。

他们中很多人和我一样，性格出奇的像。

不着急、不慌乱，也不特别关注新闻动态，

不着急表达自己的意见。

而是从内心深处，默默地支持我、信任我。

同样，我也信任他们。

但是，有时候看到别人的粉丝，在网上为自己的

偶像出头，也会忍不住小小地羡慕一下。

但是最终，还是会领悟到，

像自己的粉丝这样，默默地支持，

才真的是为我着想。

MICHELANGIOLO BUONARROTI
COMPIENDO IL QUARTO SECOLO

€ 12.00
€ 13.00
€ 13.00
€ 8.00
€ 6.00
€ 4.50
€ 4.50

喜欢大海

我喜欢水。比起山，更喜欢大海；比起陆地，更喜欢水。

是因为我体质偏热吗？
我总是感到自己在燃烧。
也不是那种对生活的激情燃烧，
究竟为什么呢？

难道我体内藏着一团儿我自己都不知道的小火球？

不管怎样，我就是喜欢水。只是静静地坐在水边，望着水面，就已经很舒畅清爽。
如果有些微风，就更好了。就这样望着，望着，然后伸出脚，
浸到水里，就会全然忘记时间的存在。
只要在海边拍片，就会异常顺利，摄影师会抓到很不错的画面。
为什么？因为我会自动走进水里。
刚开始，海水只没过脚踝，然后到小腿，慢慢往上……
偶尔，也会被突如其来的海浪冲到海里，拍摄用的服装就会完全湿透。
即使如此，还是很清爽，还是很开心。

真的是A型

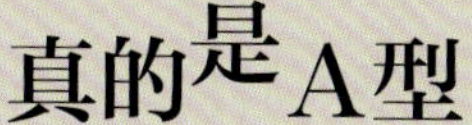

虽然我的性格很直，
但是也经常会考虑
说出去的话会给对方带来什么影响。
不想说出一些让对方伤心的话……
然后，就一句也说不出了。
典型的 A 型人。
尤其对亲近的人，更是如此。
虽然性格是直线型，
却不能直直地把内心展示给别人，
所以我的生活，
怎么说呢，
总是在说与不说之间自我纠结，
总是把所有的话都藏在心底。

所以，有时候会疲惫；
所以，想的会更多。

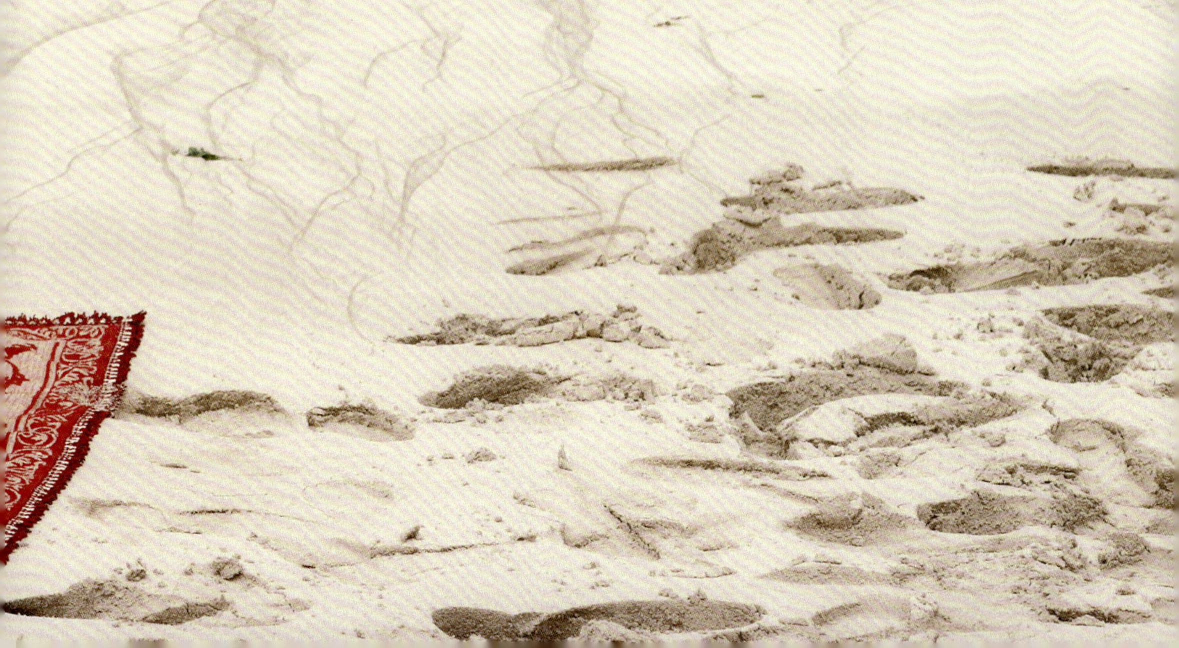

到了海边

1. 在海滩上挖出一个深深的小坑。
2. 用双手将深坑里的湿沙捧起。
3. 用手挤压、揉捏成面包大小的沙包。
4. 把揉好的沙球放到干燥的沙滩上，滚一滚（面包粉的作用）。
5. 带着沙球跑向海边。
6. 用力扔到海里，扑通。
7. 观赏：最外层的干沙一点儿一点儿剥落，小沙球一点儿一点儿扭动着沉到水里的样子。
8. 到此，“甜甜圈”游戏结束。

到了冬天，就会用雪球做同样的游戏。
（取名“炸雪球”游戏　吼吼）

旅行的 感觉

旅行总是会让我怦然心动。到达某个城市，从飞机上下来迈出第一步的那一瞬间，那恍然一瞬的感觉总是让人着迷。

喜欢巴黎和济州岛。喜欢巴黎不变的浪漫氛围和慢生活，不似其他城市一般奔波而忙碌。

喜欢济州岛的空气。爱吃的海产好多，黑野猪的肉太美味，济州岛的海水更是太梦幻。

最喜欢的城市，其中一个便是纽约。

在快节奏的城市里，我总能获得更多能量和活力。

然后，就会想，一定要更努力地生活。

有什么比旅行更能煽动我的斗志呢？

出去游玩一圈，回来的路上就会不由得握紧拳头。

要更努力地工作，然后再去旅行！

一点一点变得坚强

除了一两部作品，从出道到现在，饰演的角色几乎都是隐忍、坚强的类型。

很少有轻易表露心声，甚至大哭大闹的角色。

提着一股气，要演出淡定的情绪，一点一点地释放，真的很难。

但是，不知道是不是因为演了太多这种角色，

现在的我，也变得不轻易表露情绪，更倾向于将情绪内收在心底过日子。
并不是"压抑"情绪，只是"不表露"而已。

作品中的我改变了现实中的我。

现实中的我，是一个软弱的存在，软弱到足以受到作品中角色的影响。

作品中的我，反而更坚强。

果决又自立的女主人公们……

每当一个角色结束之后，

我都会感觉，

得益于这个角色，现实中的

我也逐渐变得坚强了起来。

逐渐变得内敛，

呼吸也变得平和。

剔除了过高的声调，

声音也变得低沉了。

我想，这应该是找回了本我的声音吧，
没有矫饰，就像呼吸一样自然、平和。

S. TORRISI

去到更广阔的世界

正在中国拍摄的电影
是王家卫导演的作品。
和梁朝伟、章子怡这样的超级大腕
合作，同台搭戏。
第一次和他们演对手戏的时候
我非常紧张。
之后，又过了很长的时间，
从开机时算起，也已经有三年了。
现在，所有人都只是工作人员，没有浮华、没有盛名。
导演也是，大腕也是，所有人都非常努力，
大家都非常认真。
这种感觉，不仅在中国的拍摄现场有，
即使面对世界著名摄影师 Peter，站在他的镜头前，
最终，整个流程也只是“人和人之间”的故事。
走到更广阔的世界，
认识越多的人，
就越会得出“其实所有人都是一样的”这样的结论。
而这种想法，在开始工作前，
会消除一切的偏见与不安。

要感谢的人

做的工作越多，就越觉得一个人不能独自生活在这个世界里。

感谢把我带到这个世界的妈妈，

然后要感谢的就是家人一般的工作人员，随我而动的他们，随时待命的他们。

尤其是娴静姐姐（现经纪公司理事）。

特别珍惜和姐姐的缘分。第一次见面的时候，她才 29 岁。

我能和姐姐一起走过她二十岁的青春、三十岁的人生，

并且一直走到现在，实在是太奇妙了。

从另一个角度，姐姐也见证了我十几二十岁的岁月，看着我长大。

能有这么一个人，我很感激。相互见证彼此的成长，这是一种很特别的体验。

第一次买车的那天

永远不能忘记第一次买车的那天。

在我眼里，映衬得无比光滑的第一辆车。

我和妈妈坐在我的第一辆车里，开车兜风到了首尔近郊。

无论是开车的我还是副驾席上的妈妈，当时对我们来说，都是一个心潮澎湃的瞬间。

终于长大成人了。以后可以开车了。我有车了。可以载着妈妈了。

可以一个人开车去见我爱的朋友们了。

只要我想，就可以一路开到釜山去。

徐徐微风从车窗外飘进车里，而我也沉浸在了各种想法中。

当时买的是一辆大型车，其实并不适合我的体形，更不适合我当时的年龄。

对我来说，它更像是一个证明，一种炫耀。

刚学会开车的那段时期，非常看重车的“炫”，那时候买的车都是如此。

突然有一天发现，其实我并不能像想象中的那样，能去各种地方。

突然意识到，我的生活就是如此。

没有太多的时间休息，海外拍摄也越来越频繁，在首尔开车的时间其实很少，能去的地方也就那么几个——家附近的咖啡厅，或者去超市买菜。而后，我对车的迷恋也就没那么强烈了。

开始喜欢小一点的车，方便停的车，不夸张、不惹人注意的车。

写到这里，突然好想开车，
驶向某个未知的地方。

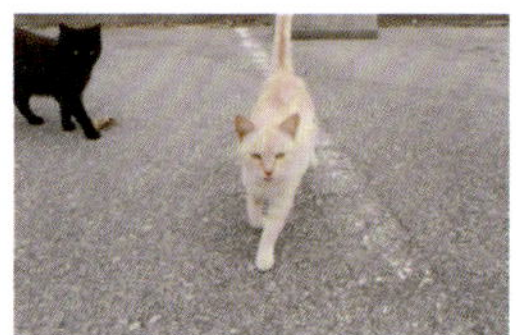

BL-826-CL
75

PATAGONIA

PHOTOGRAPHED BY JI HYUK PARK

pm 05:00

early evening

Analogue 少女

在初三结束升入高中的时期，
我开始了演艺生涯。
不知不觉间，已经过了十四五年。
从某种意义上，我的很多情感都停留在了那个时期。
喜欢的歌也是上世纪 90 年代的，像赵德培和李文世的歌。
也更喜欢老电影。

很多老电影，都散发出一种特有的感性氛围，堪称“经典的浪漫”。
我喜欢那个时代的情怀。复古情怀！

偶尔，好朋友们会取笑我的早熟，
说我身体里住着一位老奶奶，但是，

其实，
我身体里也住着
一个少女，
一个时间静止，
停留在初三
那一年的少女。

扭动扭动

喜欢
用手
做一些小东西。
也许，这也是我喜欢
做料理的原因。
有时候
到做手工首饰的姐姐家，
紧贴着姐姐坐下来，
跟着她做几个小首饰。
把一颗颗小珠子
穿在绳子上，
做着做着，
就会觉得有趣，
穿的速度也会不
自觉地加快。
做手工的时候，
头脑会变得清晰，
会甩掉各种杂念，
因为要随时想着珠子的
顺序、颜色的搭配，
不由得会全神贯
注，心无旁骛。
喜欢
人变得单纯的
那个瞬间。

钱 $$$

小时候，我和妈妈住的房子并不好。而且经常要搬家。

每次搬家整理行李、房间的时候，我都会帮妈妈做家务。

现在想起来，那时的我还真是个浑身上下充满了责任感的小朋友呢。

后来，有幸受到观众的喜爱和支持，开始有了点积蓄。

足够我们搬到稍微大一点的房子，也足够买一辆车。生活变得容易了些。

也有了些余钱，可以更宠爱自己。衣服多起来了，也可以买些好的包包了。

但是，平时工作越来越忙，没有时间自己做一些投资。

索性，投资之类的事就都推给妈妈，自己就一心投入到工作中。

反正我对数字也不敏感，

而且对于亲手投资这事，

多少还是有些不安。

泪水变得越来越多

其实，我的眼泪一直很多。

小时候看到关于家庭、关于动物的纪录片，长长的眼泪就会止不住地流下来。

但是，我也是个能忍住不哭的孩子。

时刻提醒自己，不能变得软弱。因为，能够托付自己的人只有自己，能够保护妈妈的人也只有自己。即使在想哭的瞬间，也会狠下心来忍住泪水，默默地安抚难过的情绪。但是，随着时间流逝，眼泪却变得越来越多。

现在，我变成了一个想哭的时候能够哭出来的女人。

最近，哭点变得很低。很多以前不在意的事情、很多平凡的场景和别人的故事，都会让我泪流满面。看着看着，眼泪就会莫名地掉下来。每当这个时候，会有一种难以言喻的微妙心情，也会觉得其实能够这样哭出来也是一种幸福。

一直很感激，有这么多人跟我共患难，陪我流泪。

在演戏的时候，哭戏往往更容易抓住情绪。

要演出自然的微笑，太难了。

啊，那个人真的笑了。

要想带给观众这样的感觉，实在太难了。

还要过多长时间，

我才能不想这些，带给观众一个自然的微笑呢？

怀念
我的
小房间

虽然，过去也总要出国拍戏，
但是最近，因为经常在中国活动，
导致待在国外的时间无限加长。
在中国一个月，紧接着巴
黎，然后是香港……
就这样，按照档期到各
个地方做活动，
自然会产生想回家的念头。
虽然，还没有到“相思病”的程度，
但是，怎么说呢，
因为总是要辗转于各个酒店之间，
总会有那么一瞬间，
怀念
我的小床，我的被子，我的枕头……
想回到我的小房间，
换上舒服的衣服，
在房间里滚来滚去，
喝点咖啡，
看看闲书，
听听音乐。
总会这么怀念着。

想要回家的理由

偶尔会产生想要回家的念头。原因其实跟食物有关。

因为妈妈做的料理非常好吃，

所以总会怀念妈妈做的小菜，怀念妈妈做的辣白菜。

因为我的口味严重偏向韩国风味，

所以在国外，尤其在欧美国家的时候，会特别难过。

有时候，会特别想要一碗汤、辣白菜、刚做好的紫菜，加上

一两道妈妈做的小菜，简简单单地吃一碗白米饭。

有妈妈味道的地方，就是家。

还有我可爱的弟弟妹妹们（小狗们），有它们的地方，就是家。

喜欢小孩子

喜欢孩子，尤其喜欢小baby。
看到小狗或者其他小动物，
心里会不由得一动，
看到小婴儿，这种悸动会更加强烈。
以后，要是有了自己的孩子，
可能会觉得太可爱而晕过去吧。
有着我的眼睛、我的鼻子、我的嘴唇的孩子，
我会非常爱惜吧？以后的以后，想牵起这个孩子的手，
漫步在海边，陪他玩耍一整天。
如果有了孩子，我想让他自由地长大。
如果他学习好，就好好培养他的成绩；
但如果他喜欢别的什么，我也会支持他的梦想。
如果我的孩子有艺术方面的天赋就更好了。比如，绘画之类的才能。
想把孩子培养成能够开创一片属于自己的天地的人。

漂亮的Idol们

Idol 歌手们都很漂亮，比如“少女时代”，
现在的她们都是我当初演《浪漫满屋》和
《All In》时的那个年龄。看着电视里的她
们，有时候会想起那个时候的自己。
真是清新啊，
这算是一种对青春的“代理满足”吗？
看着漂亮的 Idol 们，心里会不由得欣慰、开心。
喜欢 BigBang。
喜欢他们舞台上活力四射的样子。

疯了

人和人之间，最难受的就是沟通不畅。

每当这时候，我都会难受得要疯掉了一样。当对方听不懂自己说的话，或者我不能认同对方观点的时候，就会经常自言自语，

“真是要疯了！”

有时候，演戏的过程中，也会有这种感觉。明明是知道的，知道下一句应该接什么话，知道这个场景应该带着怎样的感情，但总会有力不从心的时候，然后我就会疯掉。这是我自己跟自己的沟通出现了问题。不能好好地自我沟通的瞬间，真是要疯了！

需要导师

还没有找到导师，
到现在都没有。
所以，对于现在的我，妈妈就是导师。
无论是对工作、子女还是家庭，
妈妈用她的坚强，
肩负起了这份责任，
让我从中学会了很多。
对于任何人，
妈妈都是一个不可替代的伟大的存在。
虽然，有很多优秀的前辈演员，
但是他们的人生方向和理想，
都和我所追求的有所差异。
尽管平时忙于演戏，又很少社交，
但还是希望找到
在工作方面能够给我建议的导师。
然后，有朝一日，
我也想成为某个人的灵魂导师。
能够教给后辈很多有用的人生哲理，
成为这样的前辈，应该会很幸福。
为了成为这样的前辈，
现在的我还需要努力才行呢……

MIRAMARE
RISTORANTE ELETTRA

GRAZIELLA
Macaia

即使
回到那个时候

我天生

不会纠结于过去的人和事。

一般不太会留恋过去，

但是偶尔看到以前的作品，

会划过想回到那个时期的念头。

重新回到二十岁，

重新演一次过去的电视剧和各种作品。

如果重新来一遍，应该会更努力吧，

也许还会得到更好的评价？

忍不住这样想象着。

但是，最后的结论往往回到一点：

即使回到过去，

重新演一次，

几年后的我还是会有现在这种想法吧。

就算可以倒转时间，

也改变不了我自己吧。

最后还是回到这种结论。

虽然不是“神秘主义”

大多数演员都觉得

个人隐私非常重要。

怎么说呢，演员应该要保持一定的神秘感吧，

只有这样，才能保证自己饰演的角色能够最大程度地带给观众想象的空间。

如果演员的私生活过度曝光在观众的视野里，

观众应该很难投入到角色的故事中去吧，

总会觉得这个角色就是演员本人。

观众只看到“宋慧乔”而看不到剧中的角色，这样很不好吧。

不想这样，哪一部作品都不想变成这样……

虽然，现在很难保护好个人隐私，

但我还是会特别留意。

恋情也是，虽然不想公开，但还是有一次被媒体曝光。

那次经历，更加印证了自己的观点，曝光的感觉

不是特别好。

起码，对女演员来说是不太好的。

当人们知道了我的恋爱史，看到我饰演的角色，他们会自然而然地想起我的男友。

这种联想，会带给我很大的压力。

我相信，电视机里的我和屏幕外的观众相互投入、相互专注的时候，才能创造出奇迹。

T
P

P

聊天
或者
八卦

几个好朋友在一起聊天，
自然会聊到各种八卦。
看着某个电视剧，
就会开始轻易地评价起来
这个主人公怎样怎样……
以前，会很自然地
聊起别人的故事。
直到有一天，
突然发现，自己也可以
成为别人八卦的谈资，
才意识到八卦的可怕。
因为你不能一一回应他们，
一一澄清其中的误会。
之后，我变得不轻易
说起别人的八卦。
偶尔看到别人聊八卦，
也会想跟着聊一聊，
但是很快就会打消念头。
如果这个八卦是空穴来风，
那么，参与聊天本
身也会是一件
对不起八卦故事主
人公的事情吧。

am 12:00

midnight

妈妈是摄影师

又是一个关于妈妈的故事。
其实，如果把妈妈的故事全部写出来，
一整本书也是不够用的。
我小时候的每一个样子，
都留在了妈妈为我拍摄的照片里。
在我成长道路上的每个瞬间，
都有妈妈的陪伴，
发现我每一个变化的是妈妈，
留下我每个轨迹的也是妈妈。
那个年代照相，不像现在这么方便。
可见妈妈对我的投入和关怀。
也因为如此，我才能了解自
己小时候的每一种样子。

生气的表情，
微笑的脸庞，
跳跃的样子，
入睡后的小习惯，
所有这些，都留在巴掌大的照片里。

1987 6 D

妈妈为我付出了很多。
也因为如此，我才能了解自己小时候的
每一种样子。

Walking CAR

我是妈妈的焦点。
她为我倾注了全部心血。

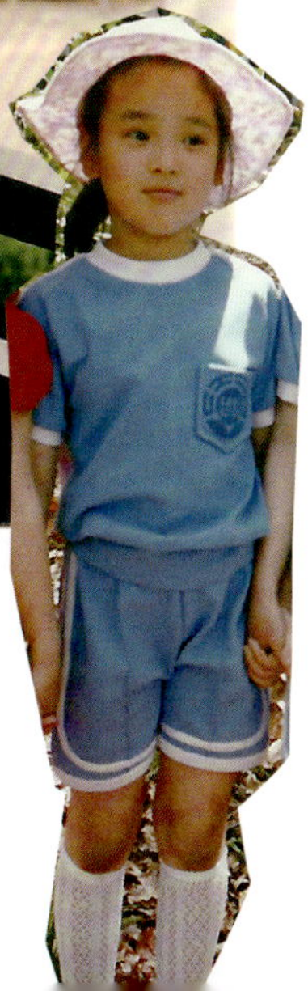

满满的爱

妈妈和女儿相依为命，
很多人都会觉得这样的我应该
会有一段孤单的童年。
但是，我的童年，充满了妈妈满满的关怀和爱。
我是妈妈的焦点。她为我倾注了全部心血。
我和妈妈紧紧相依的小时候……
人们都说，收获了多少的爱，就会付出多少的情。
但是，我付出的情好像一直赶不上妈妈对我的爱。

我很想把那一份爱，回报给妈妈，传
递给我们家可爱的小狗们，
送给亲爱的恋人，传递给家人
一样的每一位工作人员，
但是，总觉得现在的我，生活过于
忙碌，不能很好地爱他们。
但是，我相信，总有一天，
我也能过着悠闲平常的日子，
把所有收获的爱，加倍还给每一
个爱我的和我爱的人们。

酒，我喜欢！

对酒的品种，没有特别的喜
好，也不会特别挑剔。
但也不是特别能喝烧酒……
喜欢香槟，
喝起来会让人开心的口味。
可能是因为香槟是喜事必点酒，
才会先入为主地觉得
喝香槟的时候，心情会变好。
偶尔也会喝些红酒。
散发着沉香的红酒，
盛在红酒杯中，
悠闲地品味。
在海边拍戏的时候，
在拍完之后，
会喝些烧酒，
配上新鲜的刺身。

拍完戏之后的成就感，让烈酒也
变得微甜，一般我会分三次
喝完一杯烧酒，但是偶尔聊
得开心或者心情很好，
也会闭上眼睛一次“干杯”！

家庭教育

妈妈上小学四年级的时候，外婆就去世了。走得很突然。

所以，妈妈一直跟我强调，就算某一天妈妈不在了，

我也要能够独自生活。要有坚强的精神，要会做饭，要能养活自己等等，

一直在我耳边念叨着。不过也多亏如此，在我很小的时候就练就了

做一桌饭菜等生活本领。学会收拾好自己的东西，学会做一两道小菜，

这就是妈妈对我的教育。

成长为一名自立的女性，这就是妈妈的教育方式。

聊得来的人

喜欢能够聊得来的人。

轻声细语，谈天说地，喜欢能够聊很长时间的人。

年轻的时候，我更关注外在。

经常会说喜欢这样的人，那个样子看起来很帅等等。

不过现在不同了。

尤其是，听到前辈们说起“人际关

系”以及一些经验教训，

最终就会觉得，不论是恋爱还是结婚，

归根究底，其实都是人与人之间的“关系”问题。

我不是一个完美的人，

对方也不可能是一个完美的个体，

所以，两个人之间最重要的应该是

相互包容，共同成长吧。

彼此倾听，彼此诉说，

每个人都有优点和缺点，

如果执著于改掉对方的缺点，那么

两个人只会越来越辛苦。

对方的缺点，

一定要承认，一定要包容。

小小的占有欲

我的占有欲是比较强的。
尤其是对人。
但是回想起来，
一旦认定不是我的，
放手也会出乎意料的快。
以前的我，在恋爱的时候，
总是对爱人有满满的占有欲。
但是现在不同了。
以前，跟某个人交往，
就会希望对方只看着自己，
不要见任何人，只是一心望着自己。
但是现在变得完全不一样。
我自己也时常惊讶自己居然会变得这么不一样。
现在的我，觉得在下一段恋爱里，
一定会无条件的相信对方，
不会执著于他为什么出门，他要去见谁。
现在的心情是，想要彻底相信某个人，
从心底里相信这个人。
因为，如果是你的，终究会是你的。
如果不是，终究也抓不住。
所以，我决定相信对方。这样，我也会更加舒心。
因为，我也不喜欢被纠缠，被锁住。
要改变一直以来的生活方式，
我自己也受不了，
那么对方肯定也是不愿意的吧。
所以，决定要无条件相信，
占有欲嘛，只要一点点……

撒娇？不会 真心？一颗

我的性格真的不是很热络，或者说不会撒娇更贴切一些。

还有些严肃，更像是一个男孩子的性格。

因此，即使有了喜欢的人，也不会轻易地表白。

不过，我的这种性格，也会随着交往对象的不同而有所改变。

虽然说，每段恋情可能都不同，但是告诉大家一个秘密，

就是，每段恋情的开始，我都是被动的。不知不觉间，恋情就开始了。

但开始之后，我就会倾注全部的真心。

没有一点心机和技巧，

只会傻傻地一头扎进去。

因此，我也会希望对方付出同样的真心。

但是，恋爱这种事，并不是我一个人的真心就能换来幸福的大结局。

现在，我知道了。

结婚是件很难的事情

关于结婚，
一天之内也会变出
好几种想法来。
看到彼此深爱的情侣，
会不自觉地想着，
好想结婚啊！
然后会觉得现在的
自己有些孤单。
但是，和朋友、工作
人员一起疯玩，
一起构思新的作品，
或者新剧的拍摄非常顺利，
每当这个时候，就会觉得
现在这样的状态，真好。
一个人回家的某一天，
进家门的瞬间，钻
出一个念头：
啊，真想结婚啊！
但是回到妈妈家里，
头发脏了也不洗，
一心只想和小狗们玩耍，
就会觉得，现在这个
样子简直太棒了。
怎么说呢，结婚真是
一件很难的事情。

反正，都已经结束了

我不是个爱后悔的人。反正都已经结束了，只会暗暗地下决心：下次一定不能再犯。不过，毕竟我也是人类，很难遵守所有的决心和誓言。所以，偶尔感觉有非常懊恼的时候。每当这个时候，我就会早早地结束掉所有工作，回到家里。然后，努力地调节心情，非常非常努力地调节。

1985. B. 100년사진

天堂的小狗

因为我是独生女，没有兄弟姐妹，所以小狗成了我小时候的感情寄托。第一只小狗走了之后，我迎来了人生中的第二只小狗——啾啾。啾啾是一只只知道望着我、只知道跟着我的可爱的“孩子”。后来，随着工作越来越忙碌，海外拍摄也越来越多。每当出国工作，我就把啾啾寄养在有院子的妈妈家里，等工作一结束，我再赶回去接它回家。直到有一天，发生了一件让人伤心的事情。和往常一样，那天我把啾啾带到妈妈那里，刚要出门的时候就感到“这孩子”望着我的眼神有些异样。那天，它的眼神异常的执著。为什么要这么望着我呢？是舍不得我，不想和我分开吧？奔向机场的路上，我忍不住一直回想着那个眼神。之后没过几天，啾啾就离开了这个世界。想起那天它看我的眼神和其后的死亡，仿佛一场噩梦，我声泪俱下，哭得无比伤心。写到这里，讲到这里，心里也不由一紧。

对不起，最后一刻，没有陪在你身边。（眼泪哗啦啦）

后遗症

和男朋友分手有两种。
如果，他让我失望在先，
我会很受伤。
然后，一旦分手，就会毫
不留恋，也不会再想。
但是，也有另一种状况。
并没有谁对不起谁，谁让谁失望，
只是，时机不对，
错的时间遇到了对方。
条件不允许，恋情只会让双方疲惫，
最终不得不分开。
这样的恋情，留给我的，
不是恋爱后遗症，
更多的是一种遗憾吧。
如果，当时再坚持一下，
结局会是怎么样呢？
也会这样想象着。
嗯，但是，
也不经常这样想象。
只是，比起那些让我受伤的恋情，
这样的分手会更有余韵，
让人难以忘怀吧。

幸福的世界

对弱者有一种莫名的正义感，
因此也常常关注动物保护等
我力所能及的问题。
动物们都很弱小、弱势，最重要的
是它们不能表达出自己的情绪，
因此常常受到不公平的待遇。
如果不是那些小狗，我想我会成长为另一种人吧。因为人类和动物会相互影响，相互羁绊。我们共同生存，共同生活，共同成长，所以，请不要再欺负那些可怜的“孩子”了吧。

希望世界变得越来越美好。
虽然说，不可能让每个人都幸福快乐，但是希望能保证基本的生存权利。每个人都能吃好饭，做好自己的工作，都能感到充实的和谐世界。希望每个爱我的人都会幸福、快乐。

懂事很早

很小的时候，就已经明白，只有自己才能守护自己。

所以，也很自然地认为，自己赚钱养活自己是应该的。

比起同龄的朋友们，我算是意志力比较强的孩子……

现在也是，不需要依靠别人也能很好地生活，这样的状态让我很满足。

除了生活，我也可以用自己赚来的钱帮助想要帮助的人。

能够支持自己的选择，

做自己想做的事情。

这样的生活，我很满足。

慧乔的嘴唇

我的嘴唇，是稍微厚一点的类型？
除此之外，其实很平凡。

我的嘴唇，偏干性。
因此，必须要经常涂上护唇膏。
没有拍摄日程的日子，
常常会一边看着剧本，一边不自觉地抓起嘴唇。
干燥的嘴唇上那些卷起的皮，
指尖不自觉地在其中游荡，
然后突然一下，撕下一片——
啊，出血了！
这个坏习惯。

HYEKYO

IMAGES OF HER

DIVO BARNABÆ APOSTOLO DICATVM
29

DiANA
24/02/10

结语

大家好，我是慧乔。

还记得出道时出演不懂事的三妹，不知不觉间已经过了十几年。感谢大家这段时间对我的关注、支持和喜爱。

一直以来，想要把更多作品以外的“慧乔”展现给大家，也想把我的一些小想法拿出来和大家分享，所以最终写出了这本书。

这就是现在的我，慧乔的样子。

感谢大家的支持，感谢所有读者朋友们。

宋慧乔敬上

가족에게나 동물관련
다큐멘터리나 방송들
보면서 어렸을때 부터
눈물이 많았어요
유난 동물들 좋아해서
눈물이 달라진건...
예전엔 봐도
아무렇지도 않던 것들이.
생각지도 못한 장면들
그냥 사람들 보고 이유없는... 마냥 느끼는때가 있어요...
그럴때 기분이 묘하죠...
감성도 예전에 비해 더 풍부해진거 같구요

사랑에 있어서 상대적인거 같아요...
어떤 사람을 만나느냐에 따라.
어떤 사람은 애교가 없고... 없고...
애교가 사랑하는 사람에게만...
그냥 친구나. 여자들에게는 애교가 없지만.
사랑하는 사람에게는.
그 상대가 어떤 성격이냐는거에 따라 제 성격도 바뀌는듯
해요...
내가
강하거나
작거나가

제가 매일 일은 하진않는데... ^^
작품을 할땐 거의 쉬지않고 일은하지만
작품이 없을때면 중간중간 쉴때가 많아요
한없이 게을러지죠.
하루종일 집에서
멍 때릴 때두 있고.
영화보고.. 낮잠자고..
제 생각엔
20대에
나를...
여자로서
개인으로서
인생은
만족해요!
잘 산거같아
요...
다른 20대 여성
들처럼...
다양한 취미와
공부(좋아하는
미술?)
하고싶었는데
하지 못했던
것이
아쉬워요!
30대엔 꼭!
일과 열심히!
나를 위한 공부
해보고싶어요.

특징하다는
겨울에 눈도 치우거예요 ㅋㅋㅋ
여름에 모래로 하는거 도넛 ㅋㅋ
젖은모래가 빵이고
마른모래가 빵가루죠 ㅋㅋ

版权登记号：01-2012-9223

图书在版编目（CIP）数据

慧乔的时间 / （韩）宋慧乔著 ； 赵可可译. -- 北京
: 现代出版社, 2013.3
ISBN 978-7-5143-1196-9

Ⅰ. ①慧… Ⅱ. ①宋… ②赵… Ⅲ. ①宋慧乔一生平事迹一图集 Ⅳ. ①K833.126.578-64

中国版本图书馆CIP数据核字(2012)第316923号

慧乔的时间

作　　者　（韩）宋慧乔
译　　者　赵可可
责任编辑　赵海燕　赵熙
出版发行　现代出版社
地　　址　北京市安定门外安华里 504 号
邮政编码　100011
电　　话　010-64267325　010-64245264（兼传真）
网　　址　www.1980xd.com
电子信箱　xiandai@cnpitc.com.cn
印　　刷　北京瑞禾彩色印刷有限公司
开　　本　710mm×1000mm　1/16
印　　张　16.75
版　　次　2013 年 3 月第 1 版　2013 年 3 月第 1 次印刷
书　　号　ISBN 978-7-5143-1196-9
定　　价　58.00 元